Geometrix Four

LOUISE ATHERTON

ISBN: 1546682538
ISBN-13: 978-1546682530

Testing – Use this page to test your writing implements and color palettes.

O O O O O O O O O O

◊ ◊ ◊ ◊ ◊ ◊ ◊ ◊ ◊ ◊

□ □ □ □ □ □ □ □ □

□ □ □ □ □ □ □ □ □

◊ ◊ ◊ ◊ ◊ ◊ ◊ ◊ ◊ ◊

O O O O O O O O O O

O O O O O O O O O O

◊ ◊ ◊ ◊ ◊ ◊ ◊ ◊ ◊ ◊

□ □ □ □ □ □ □ □ □

□ □ □ □ □ □ □ □ □

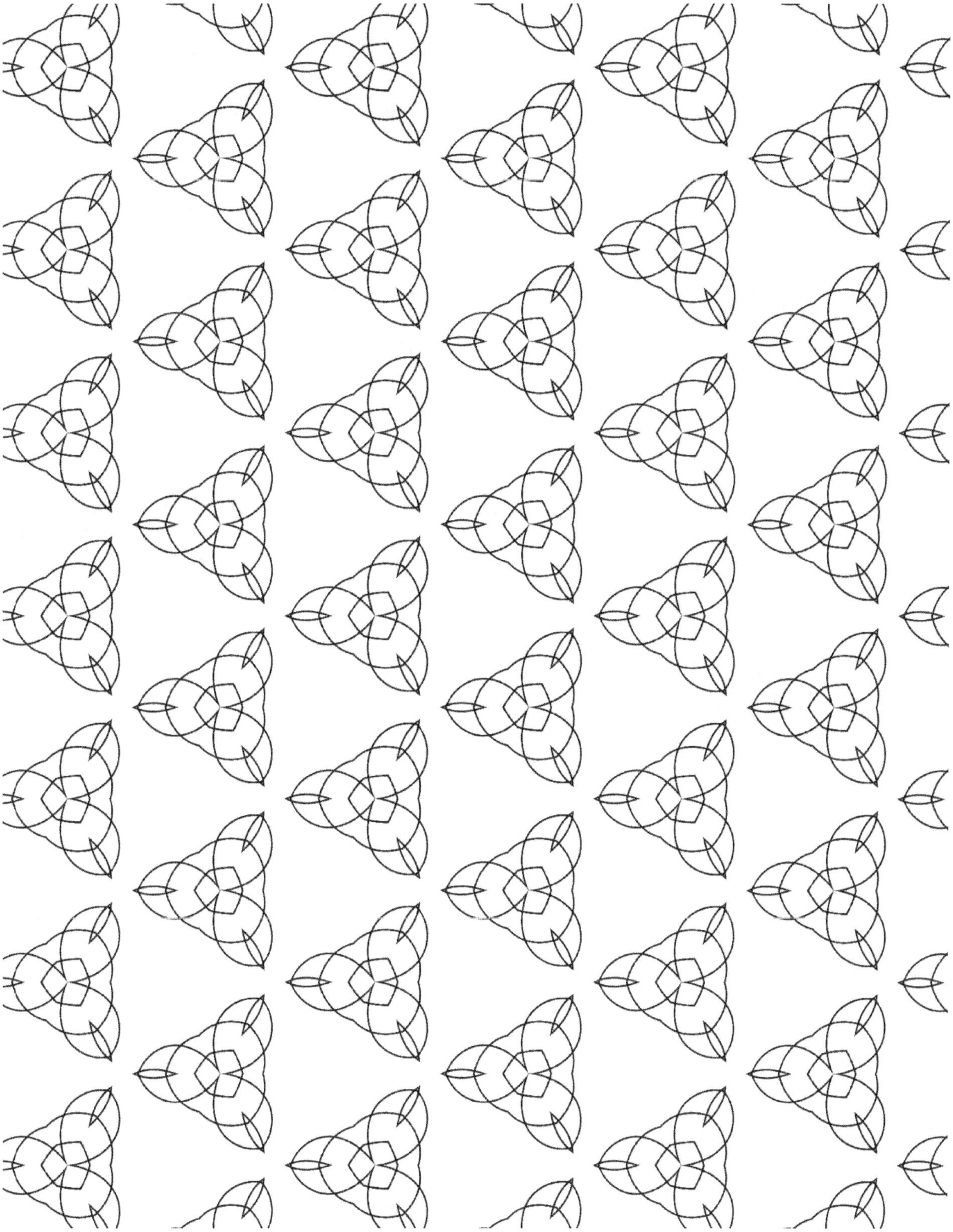

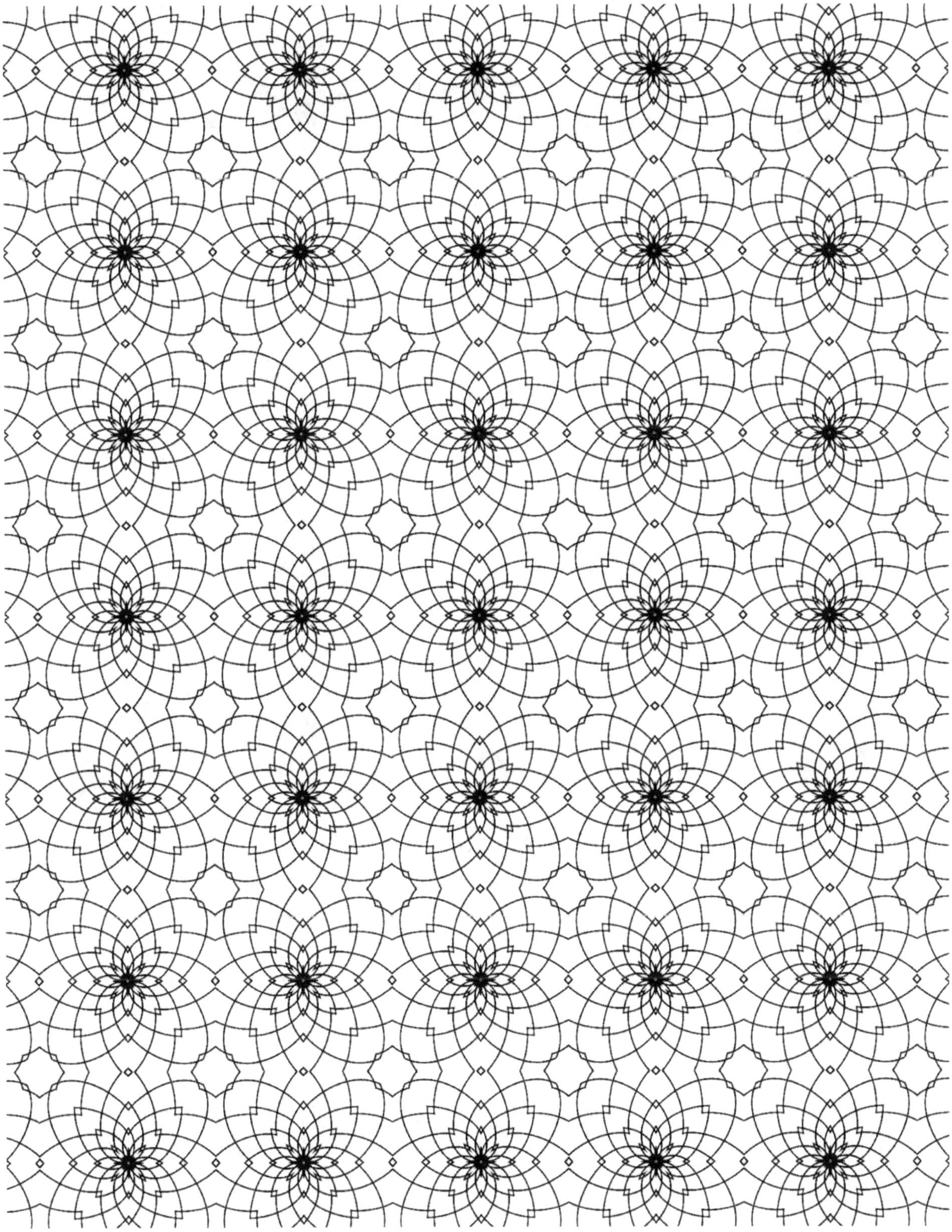

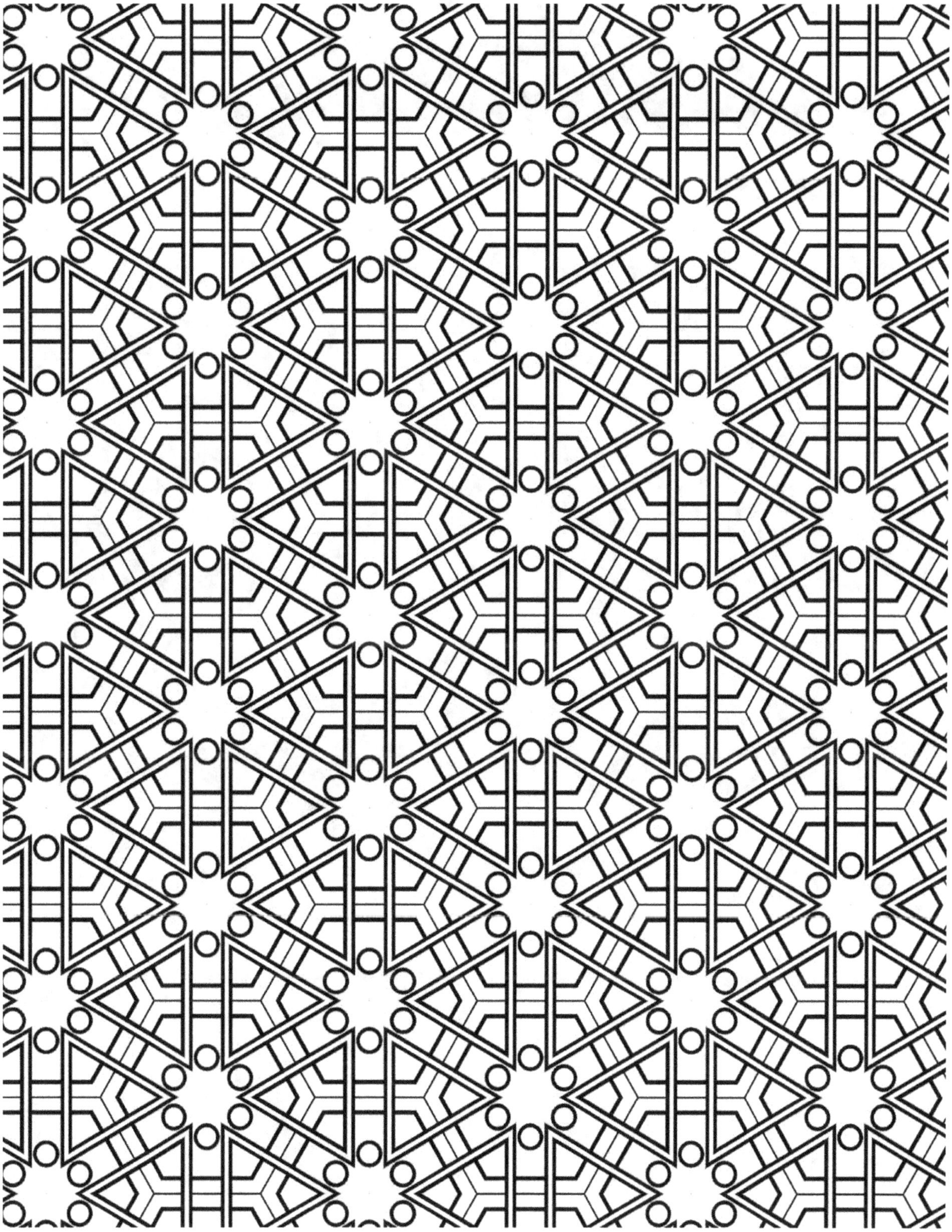

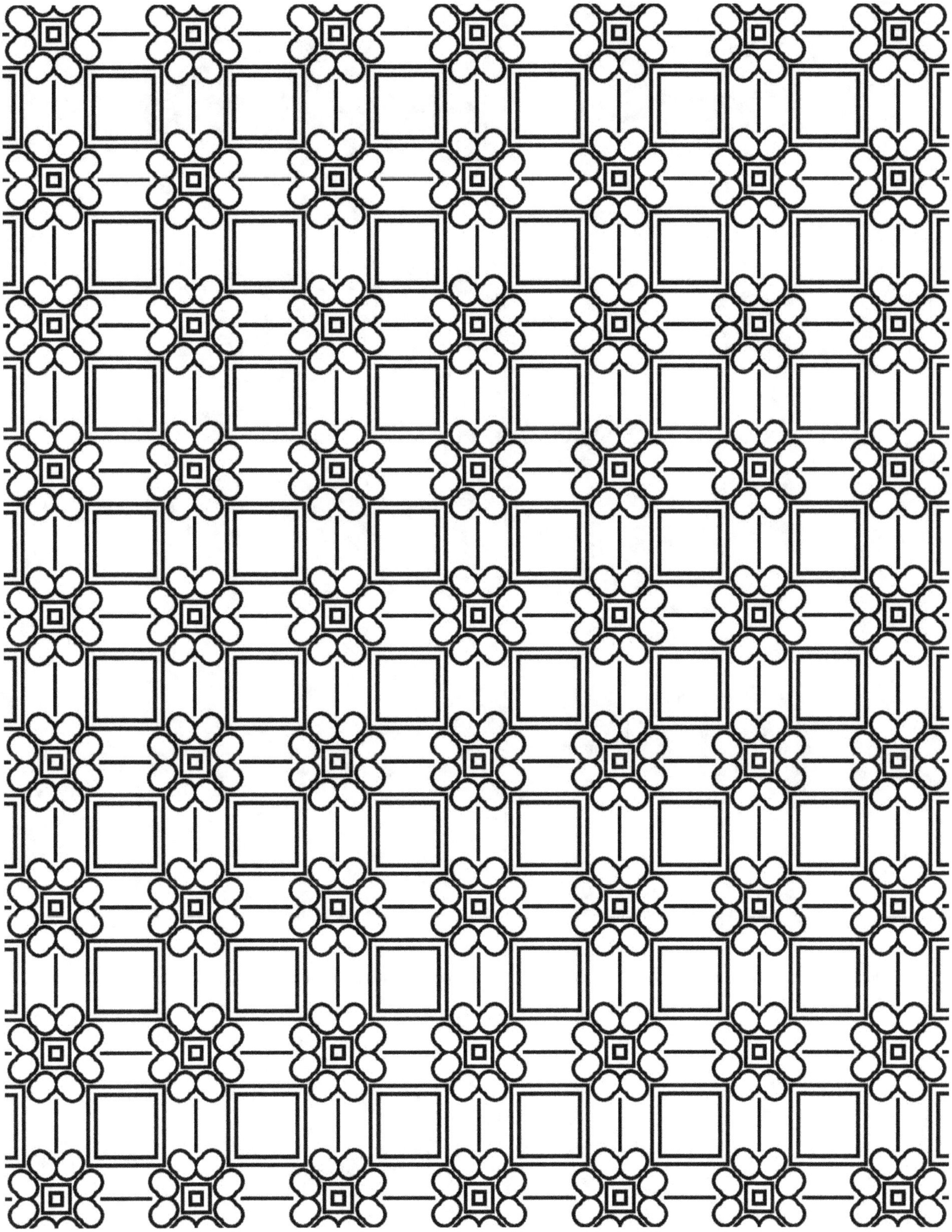

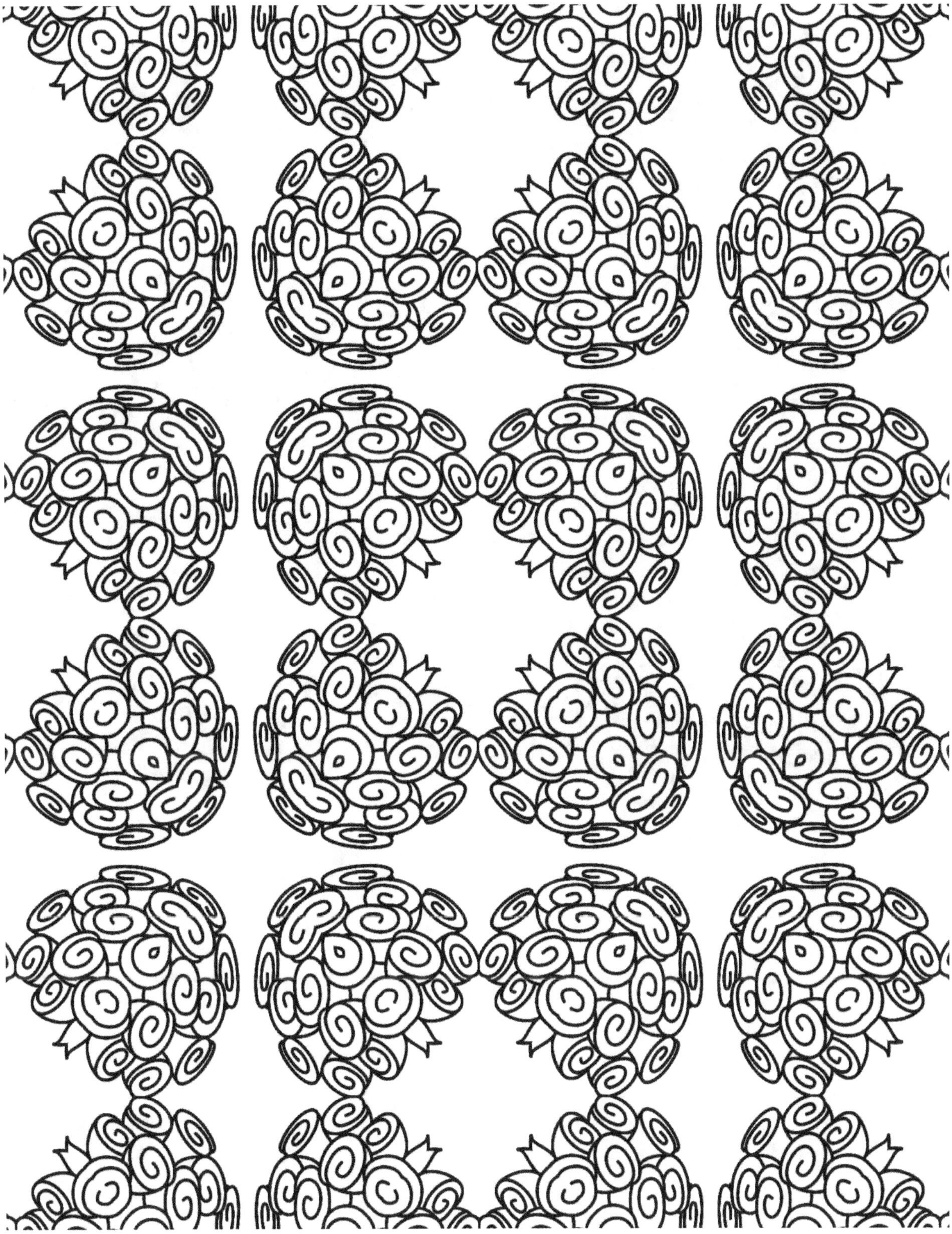

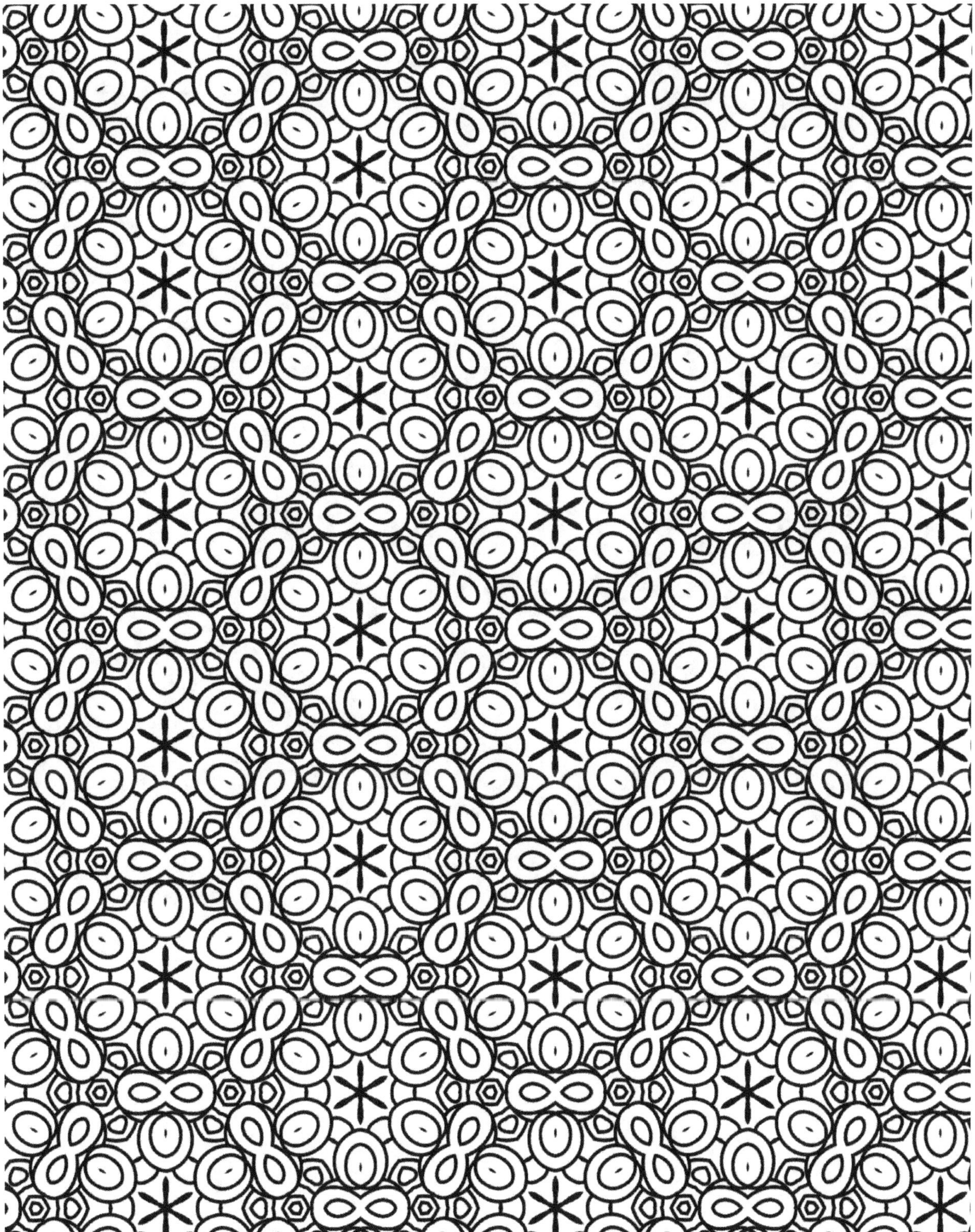

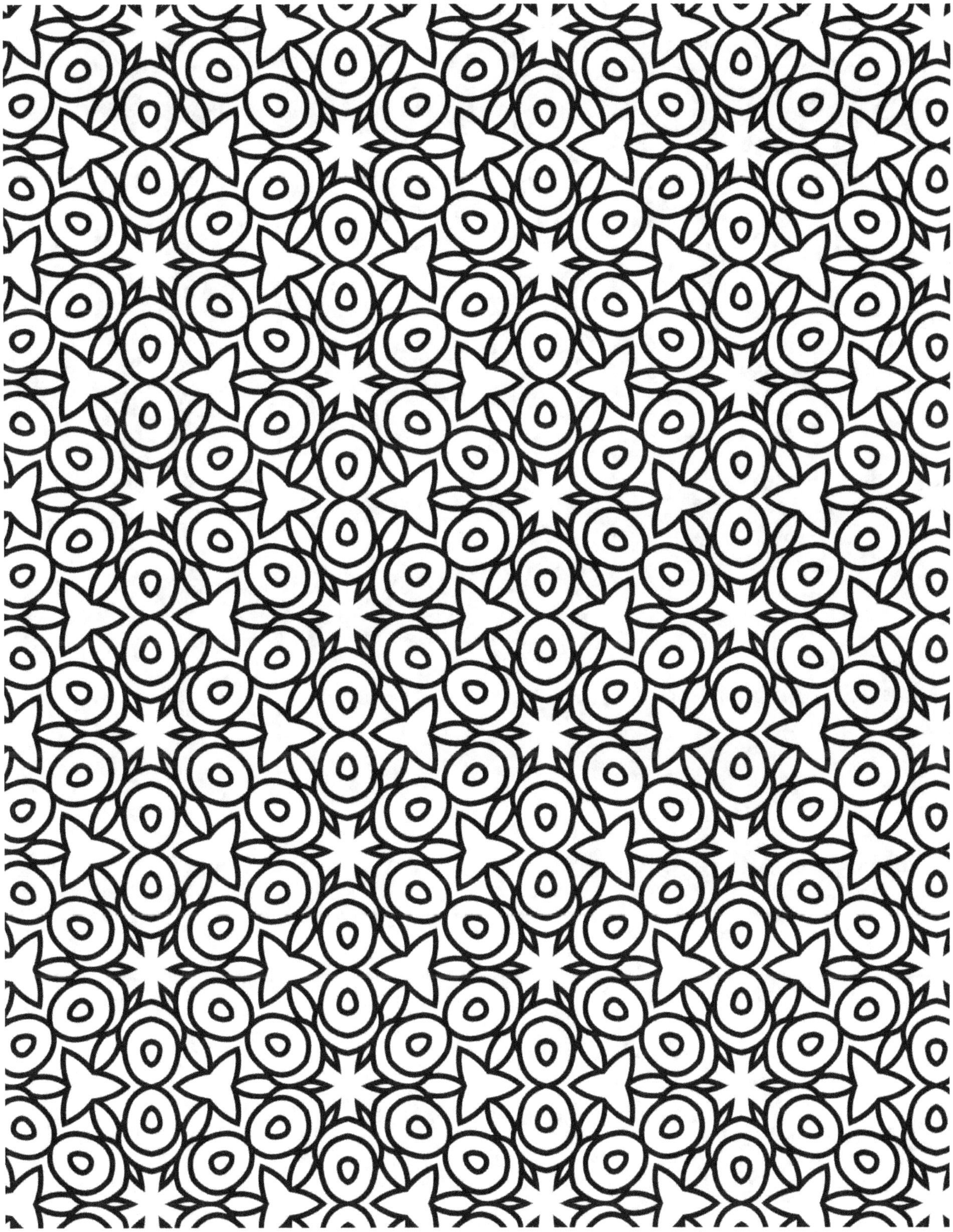

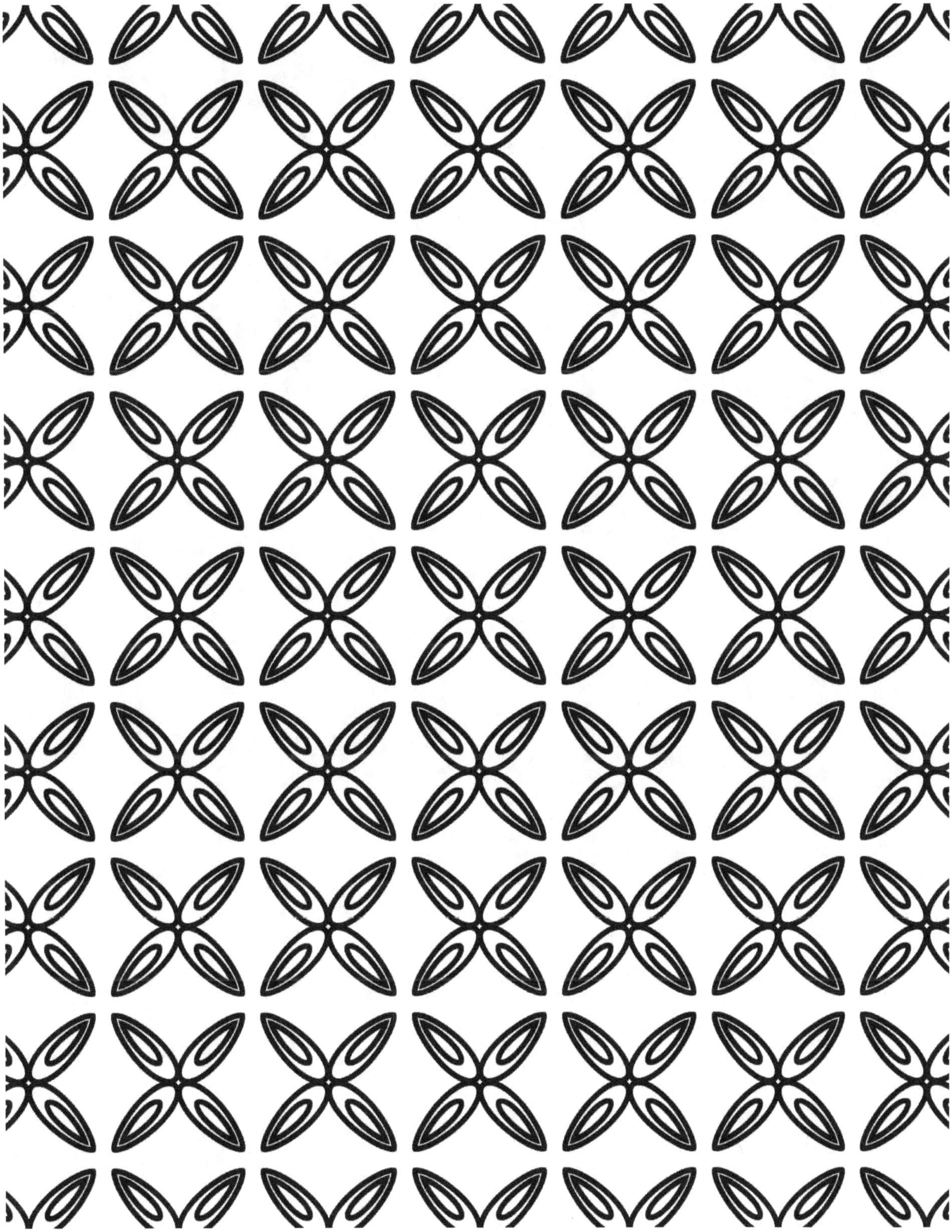

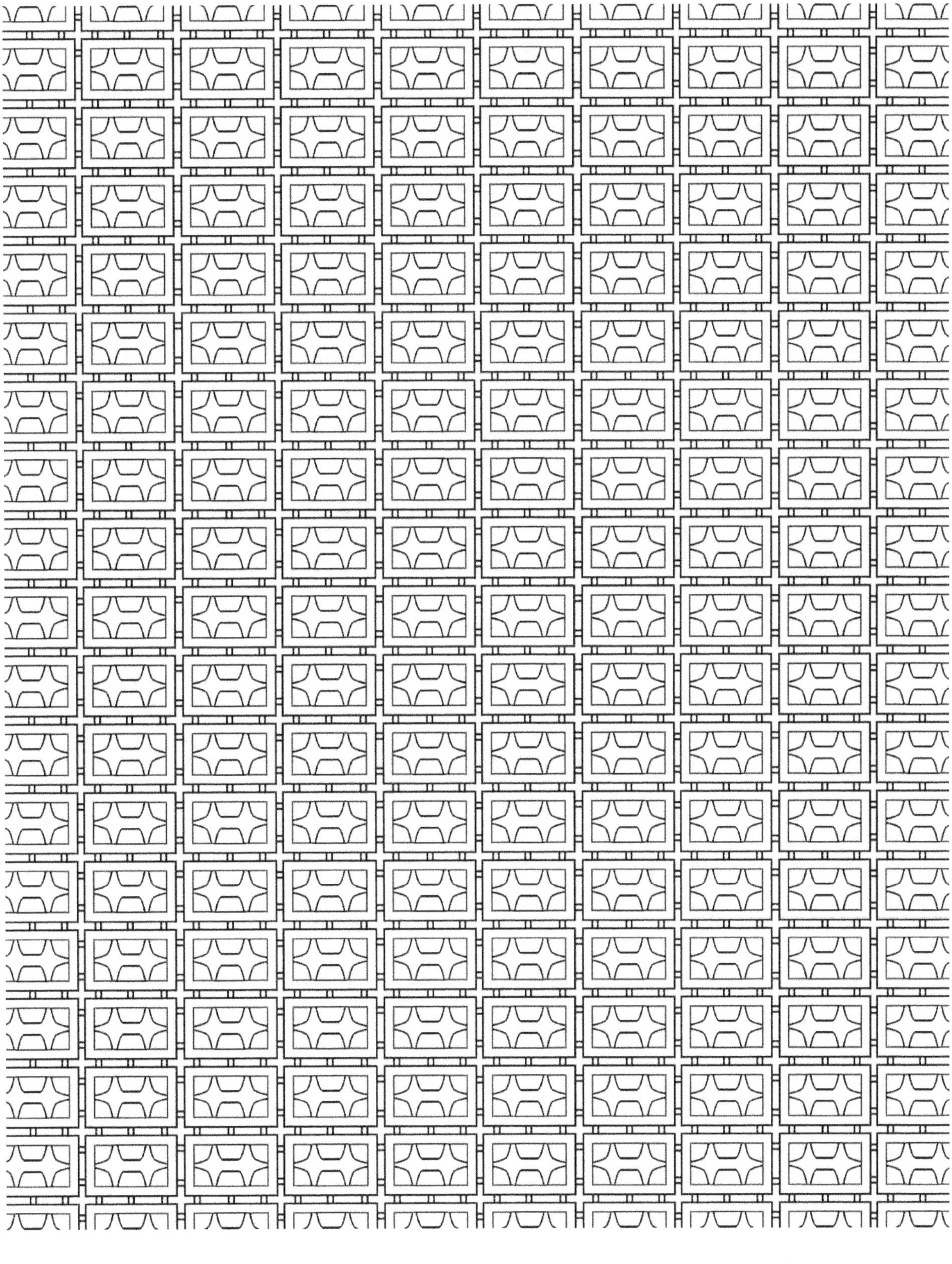

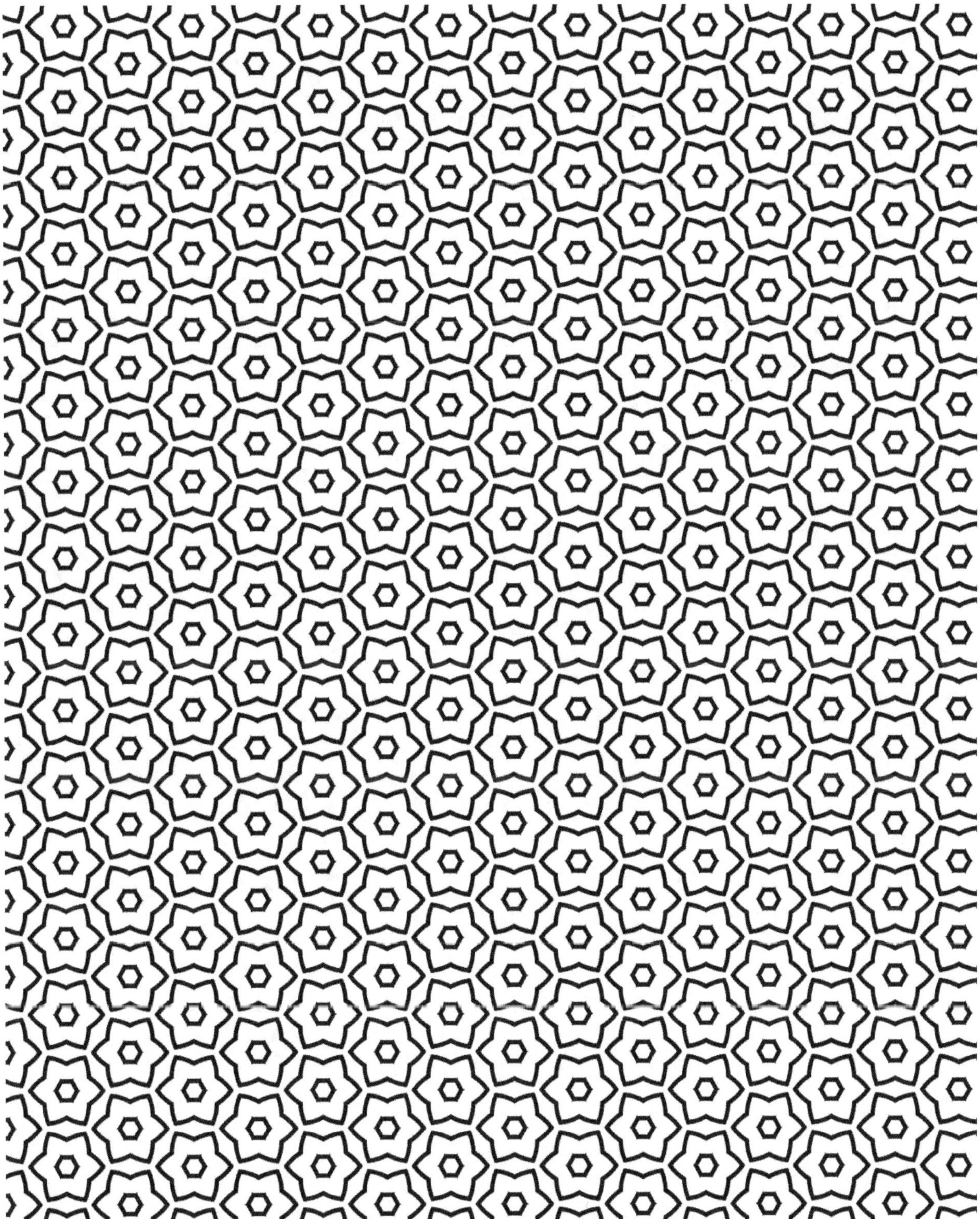

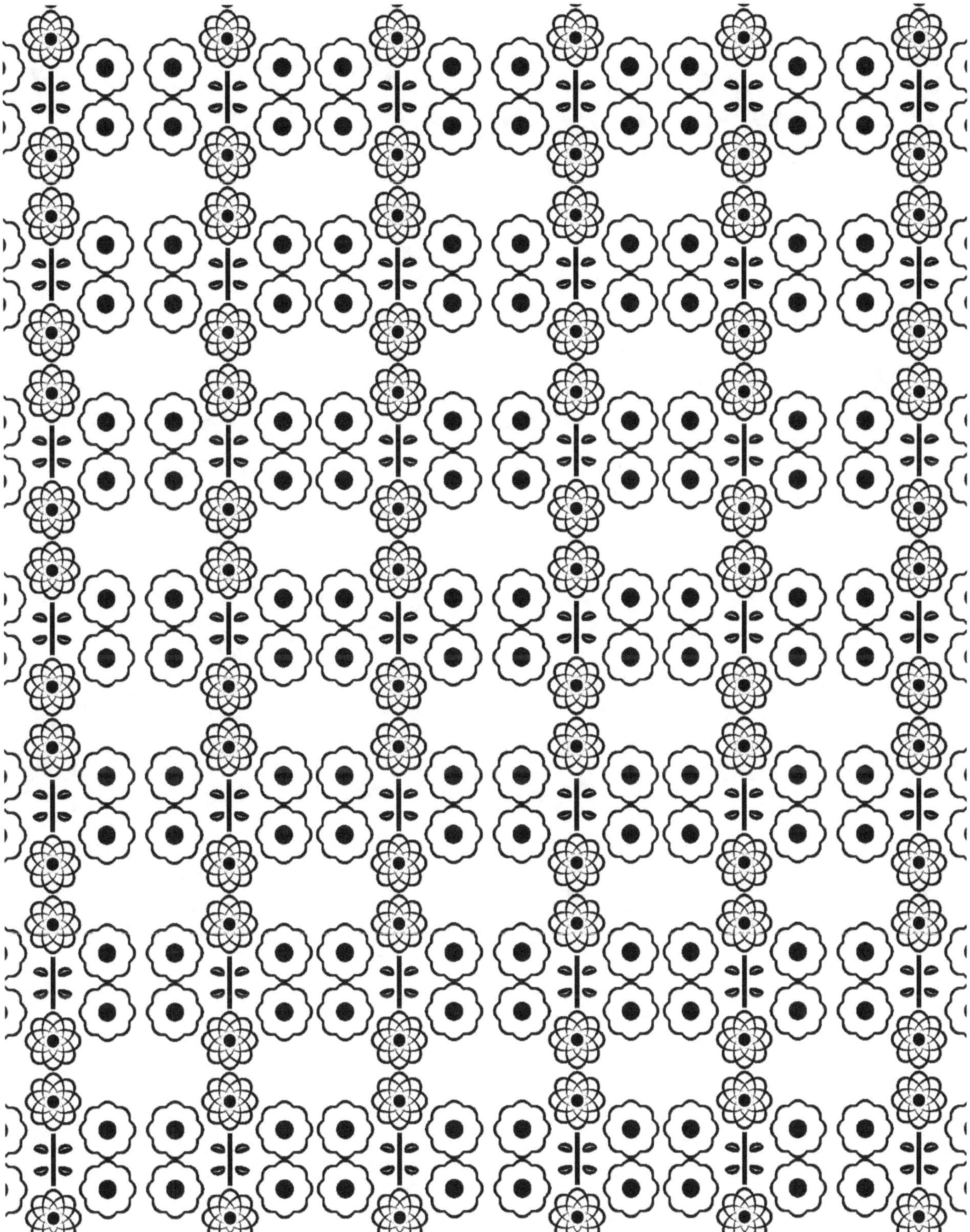

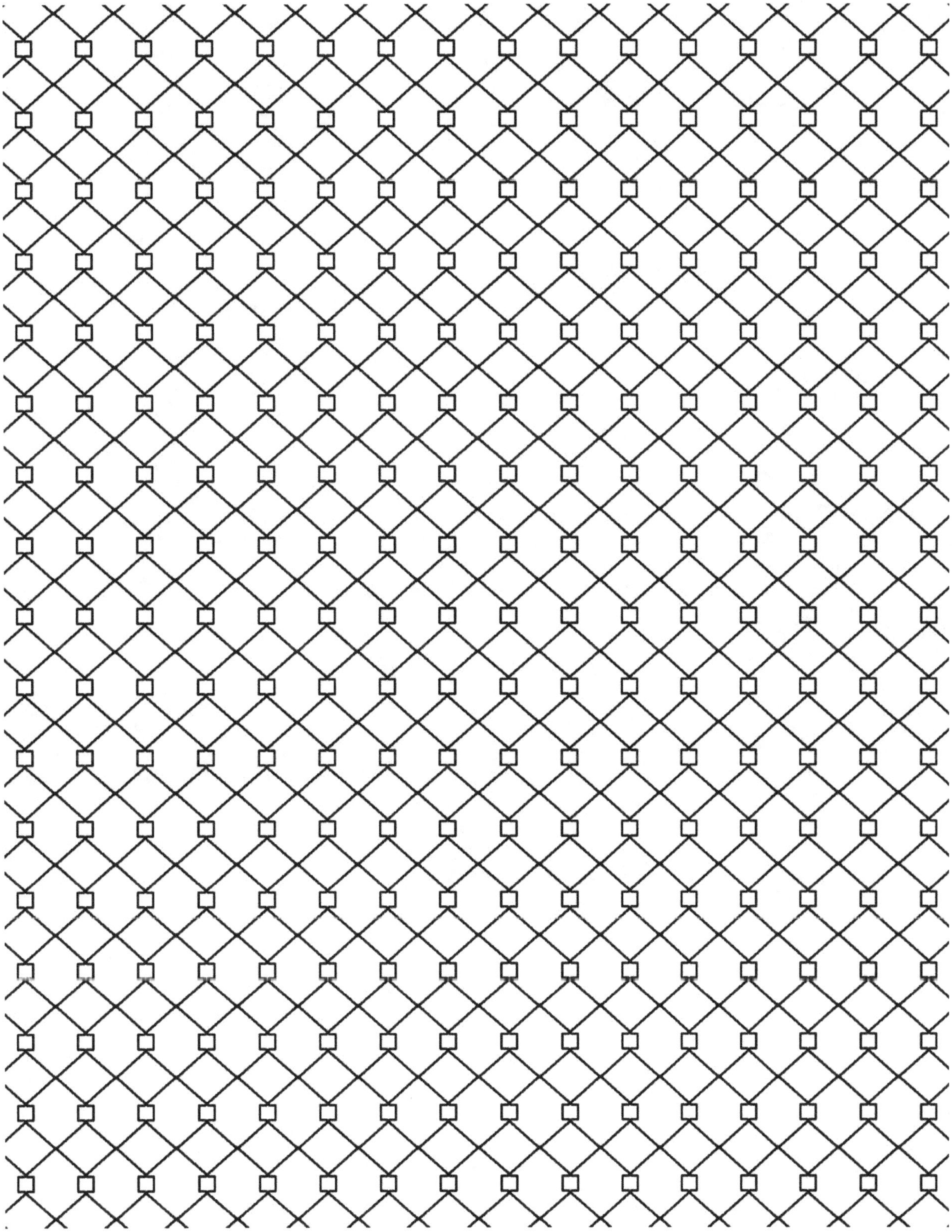

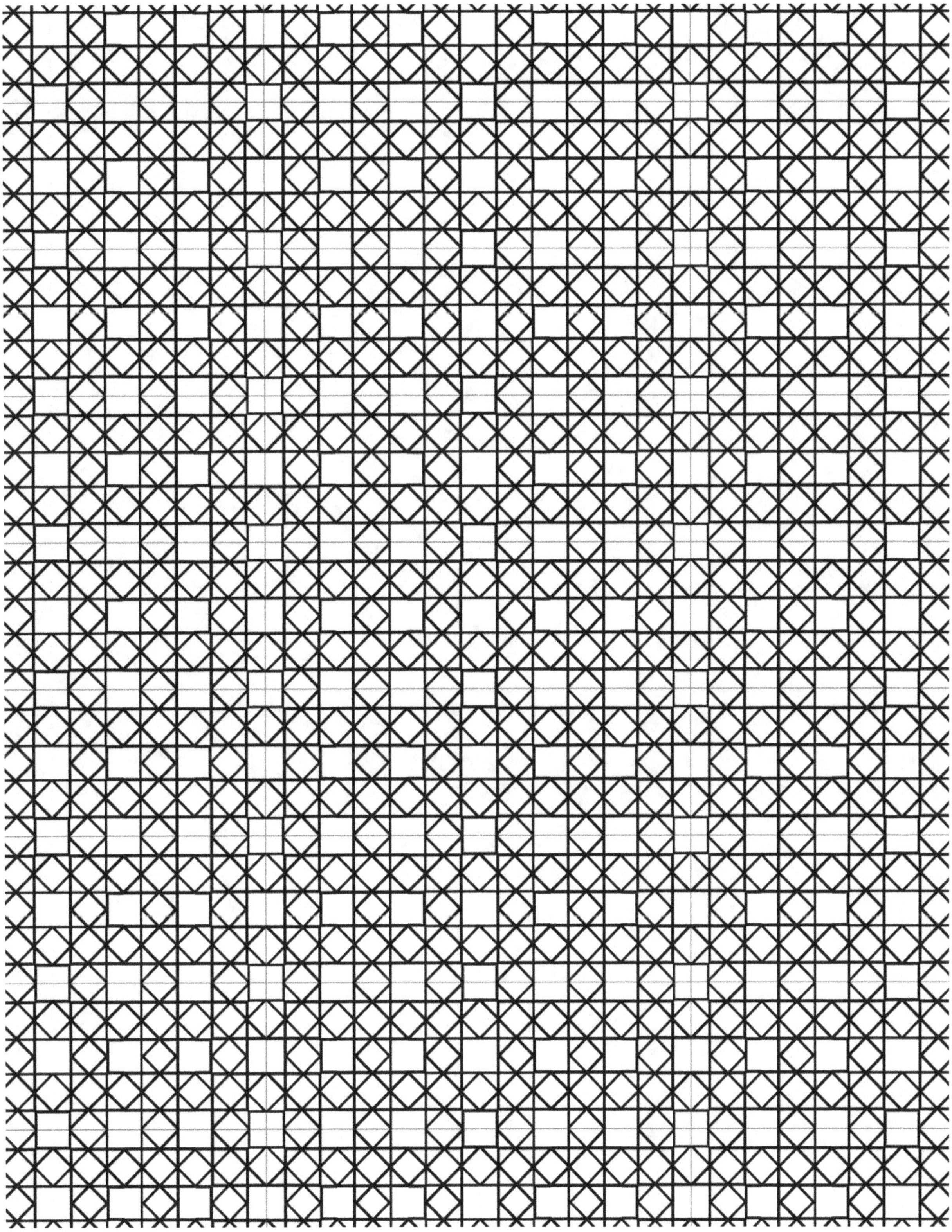

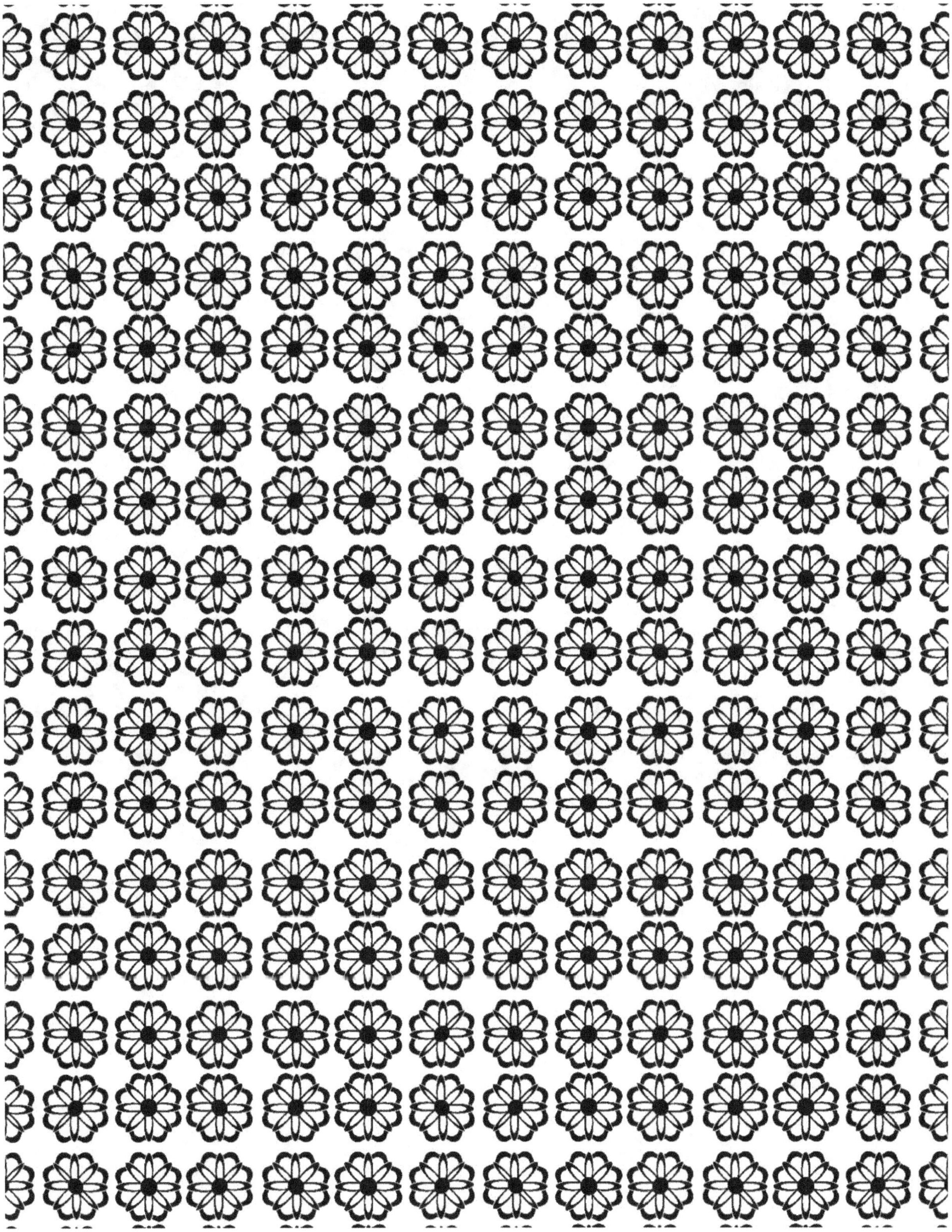

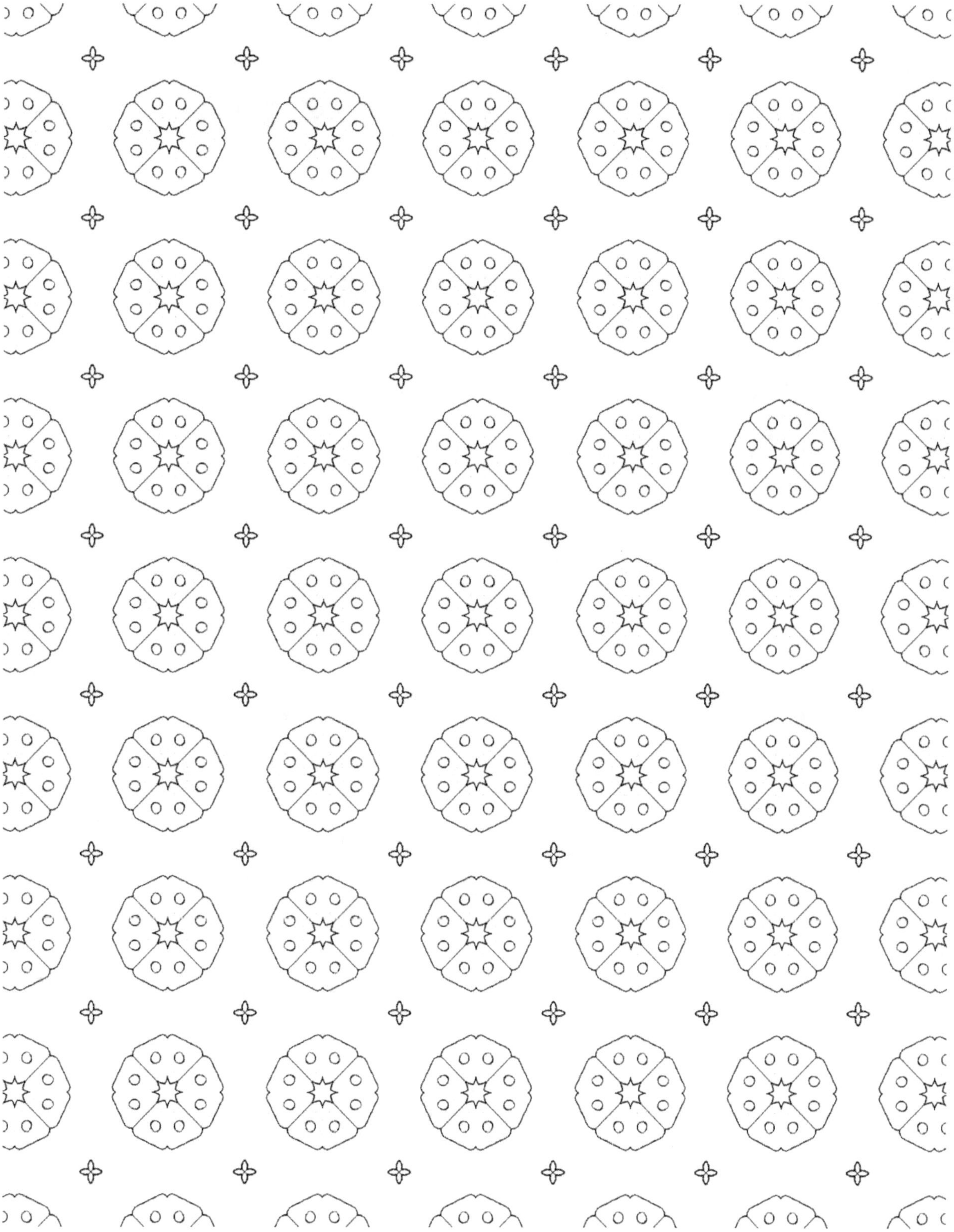

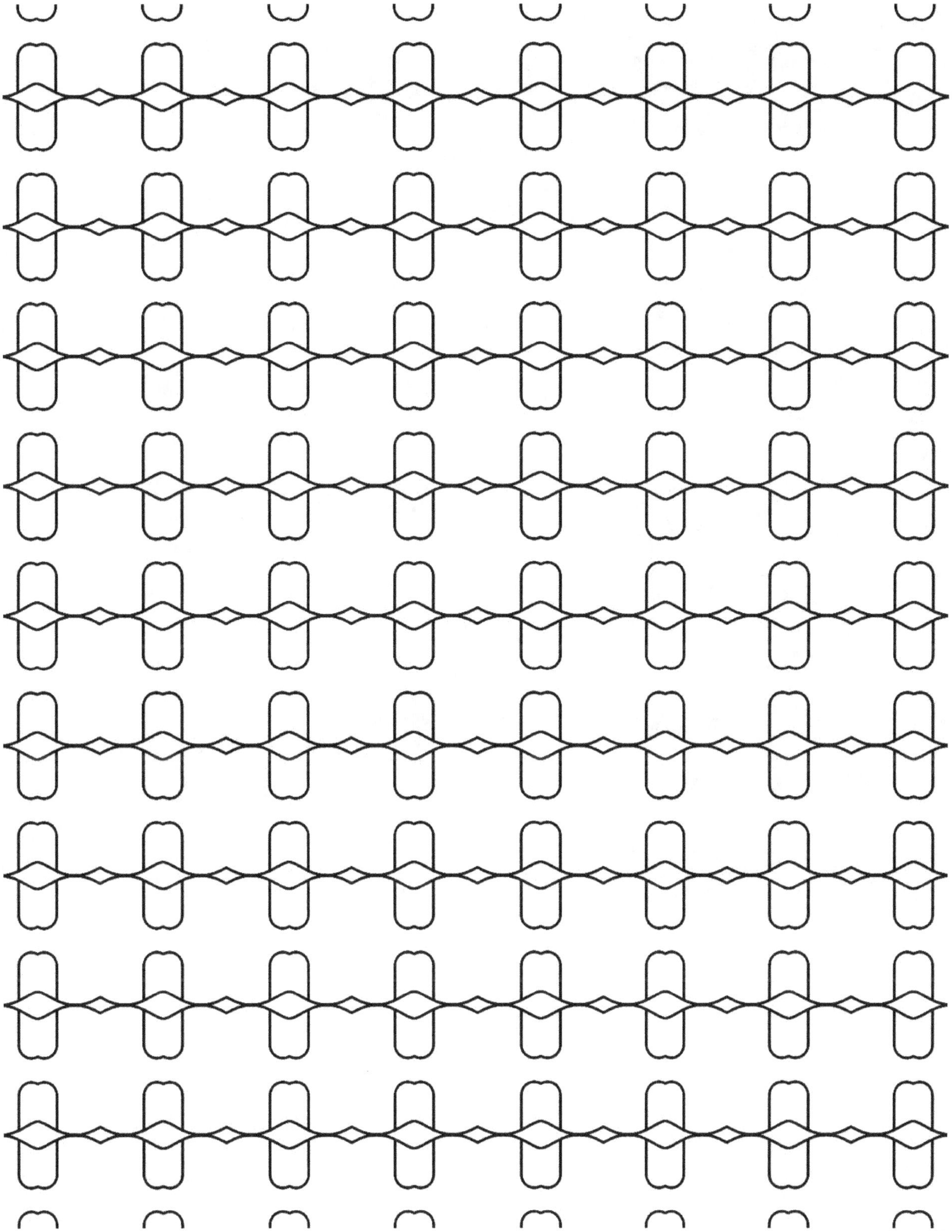

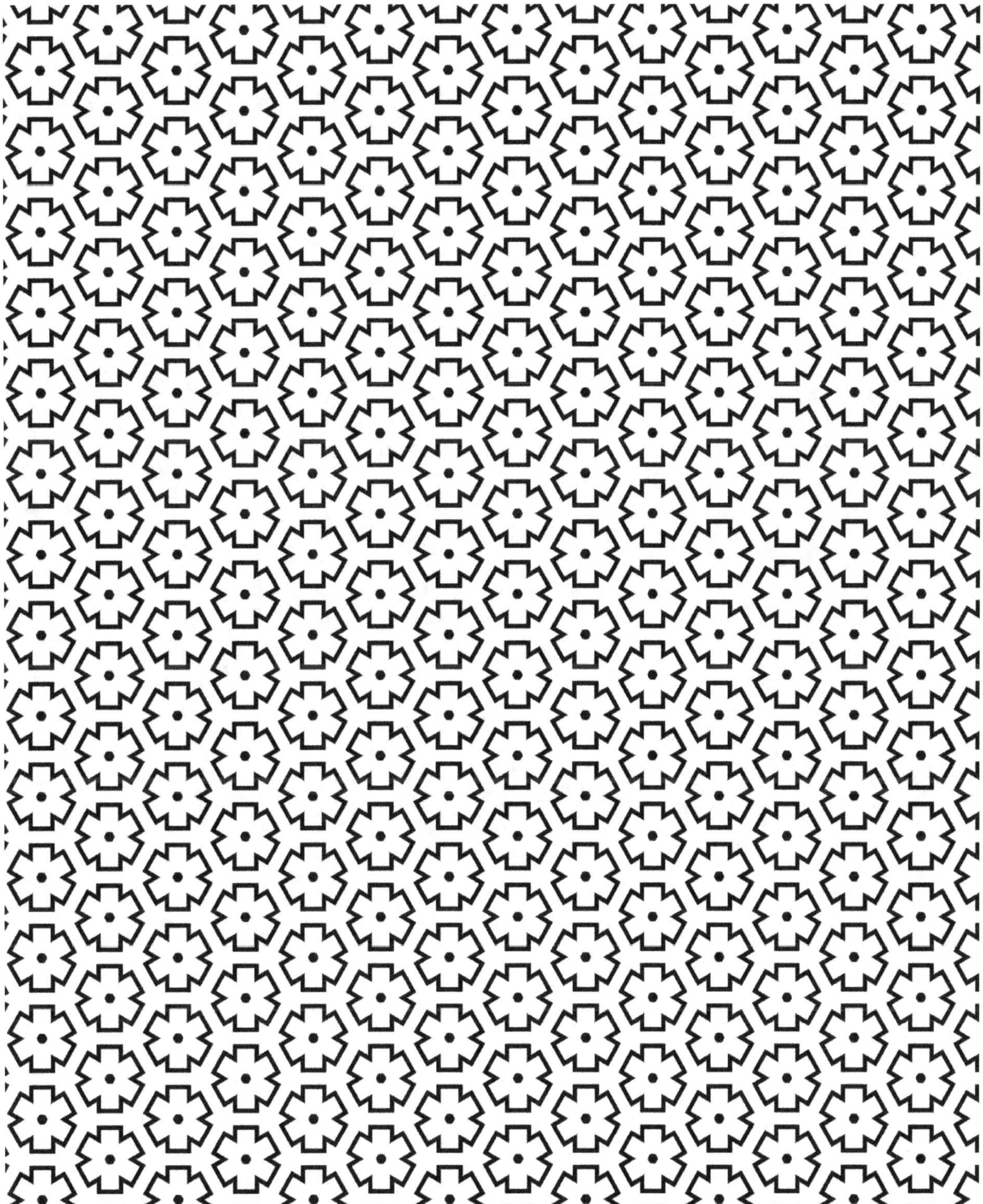

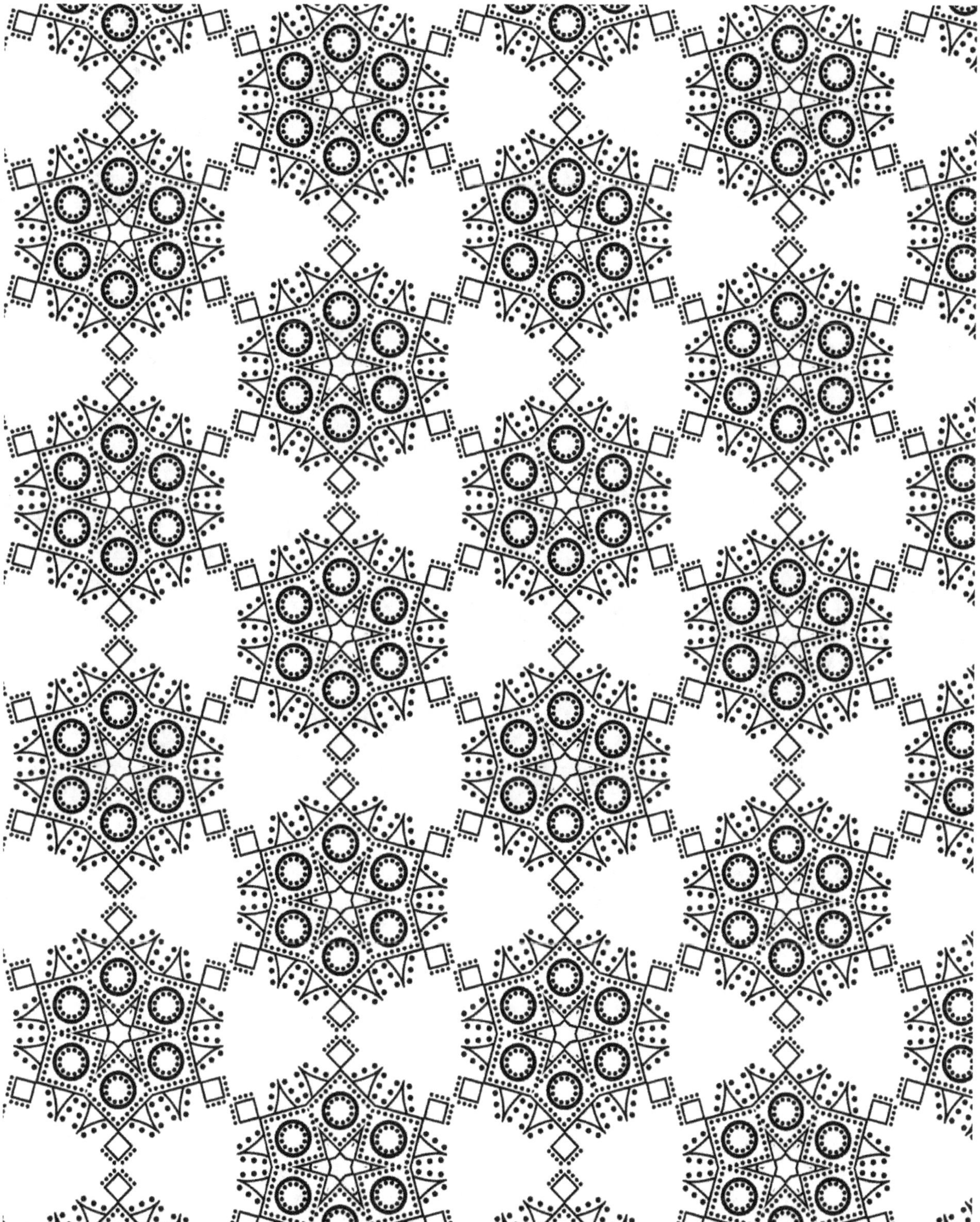

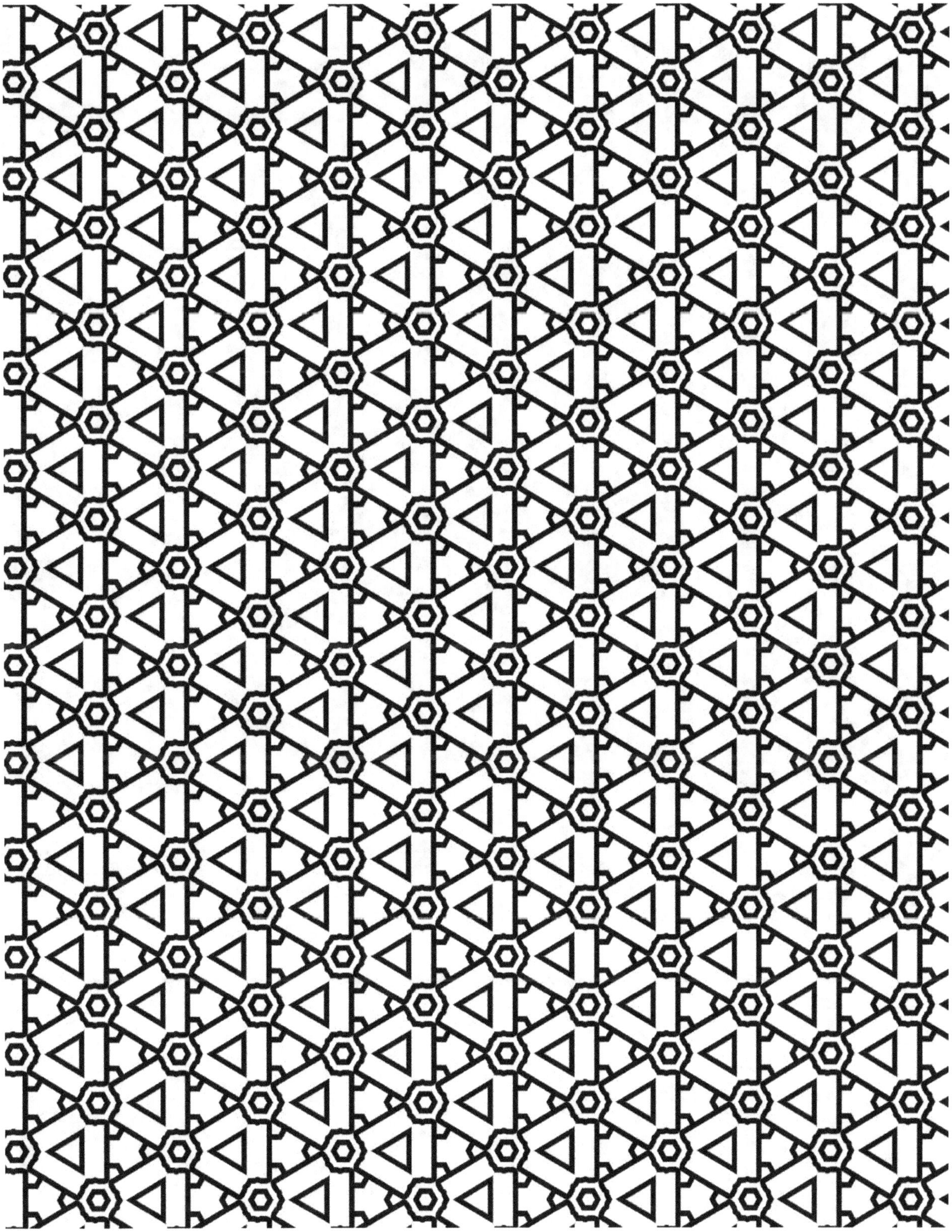

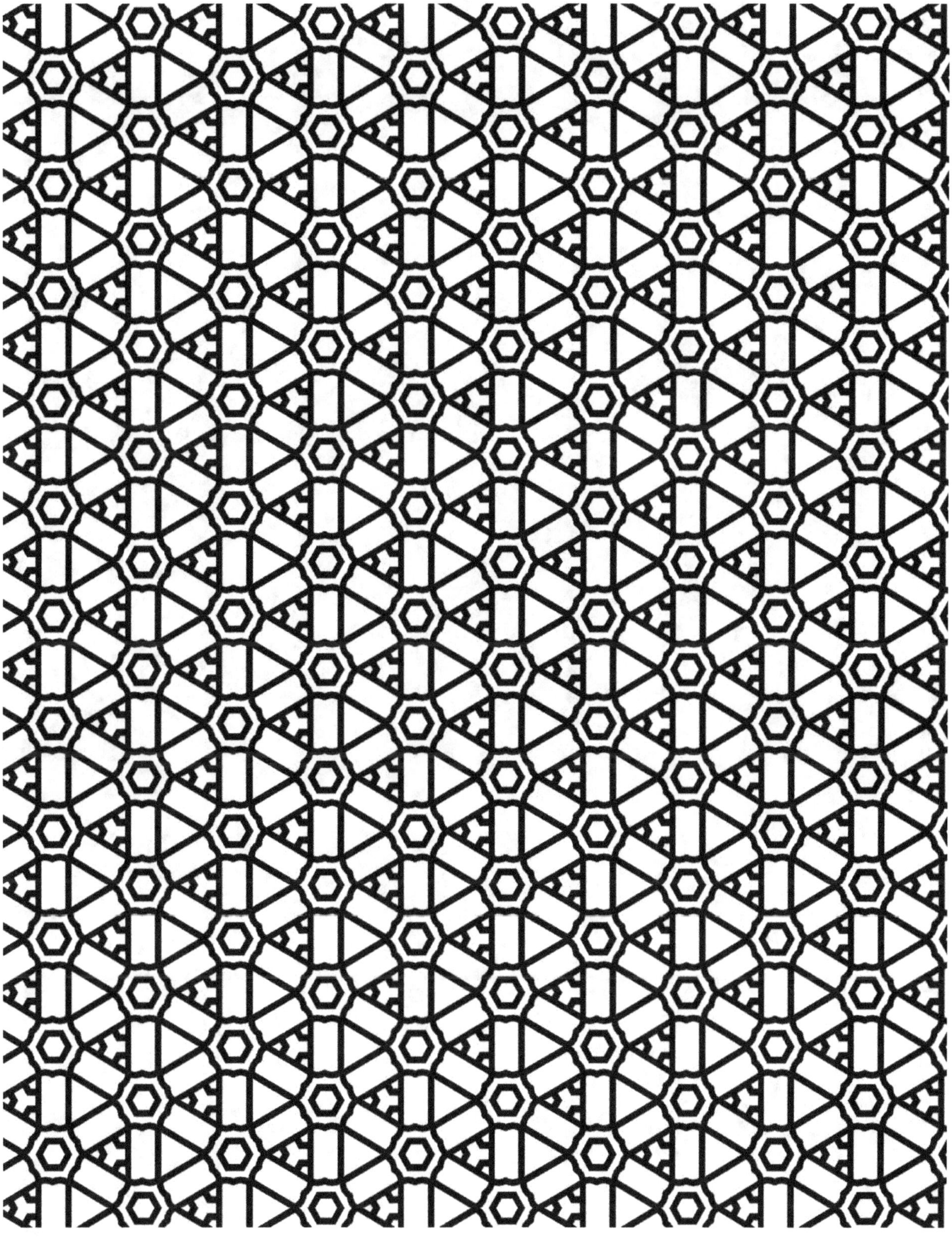

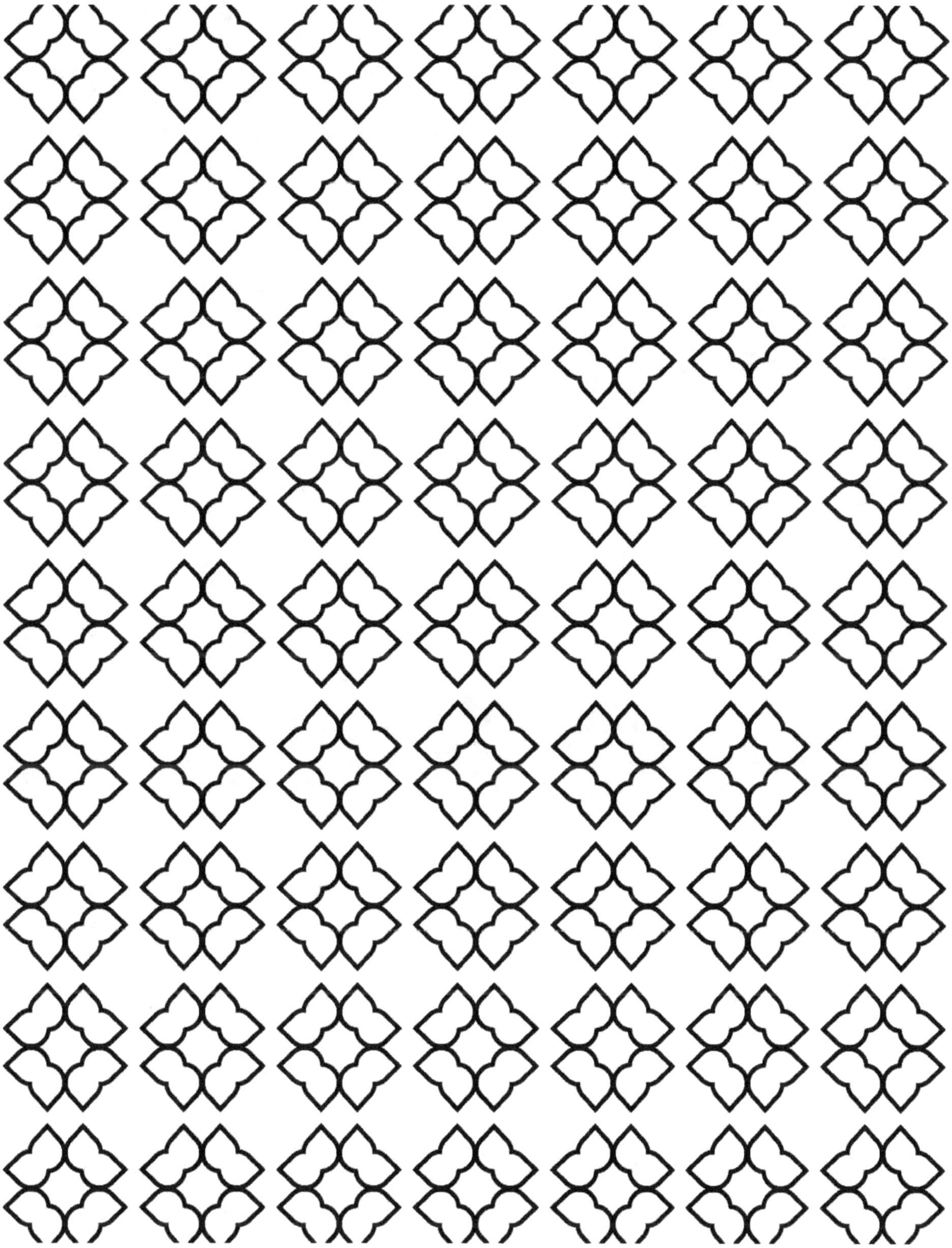

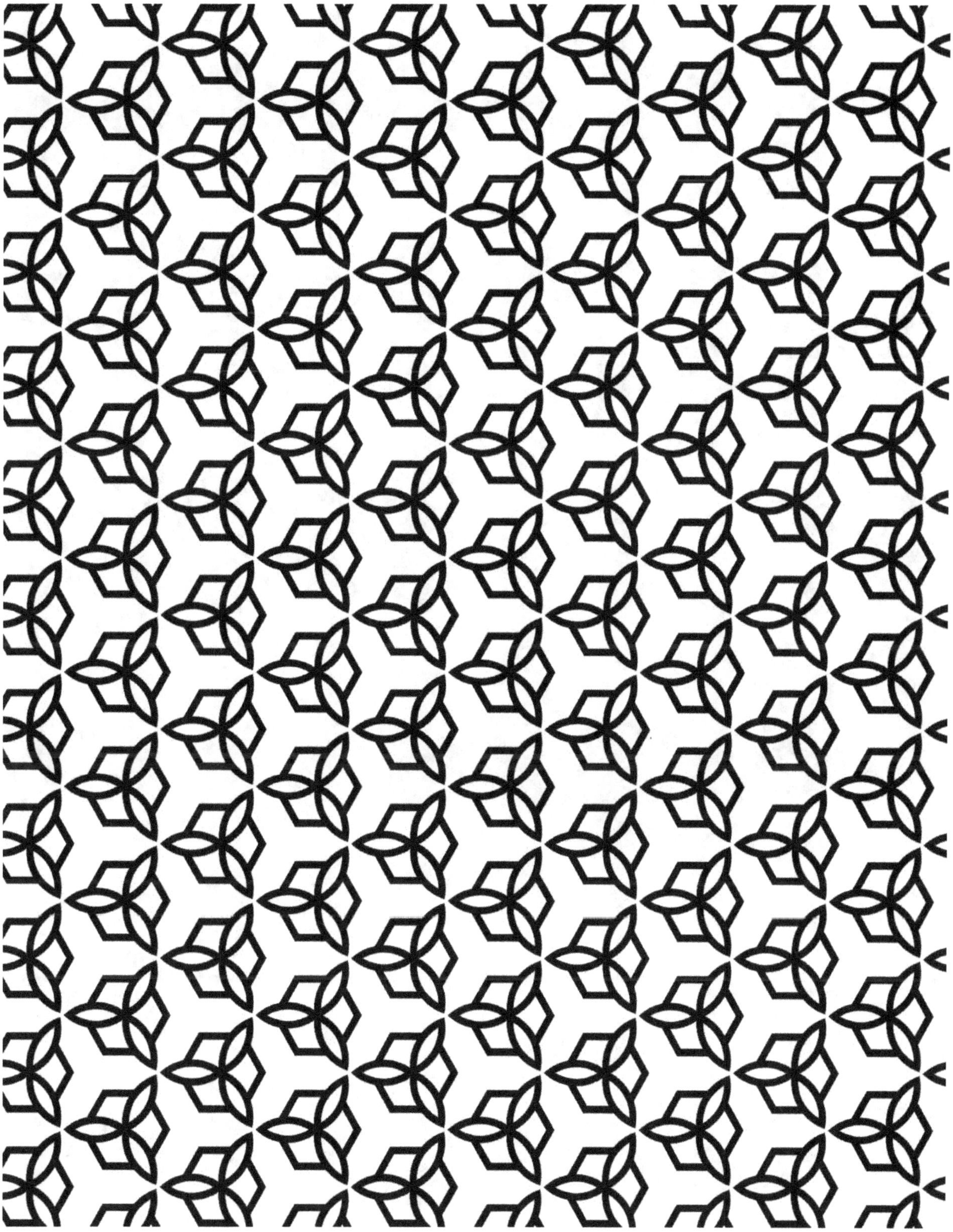

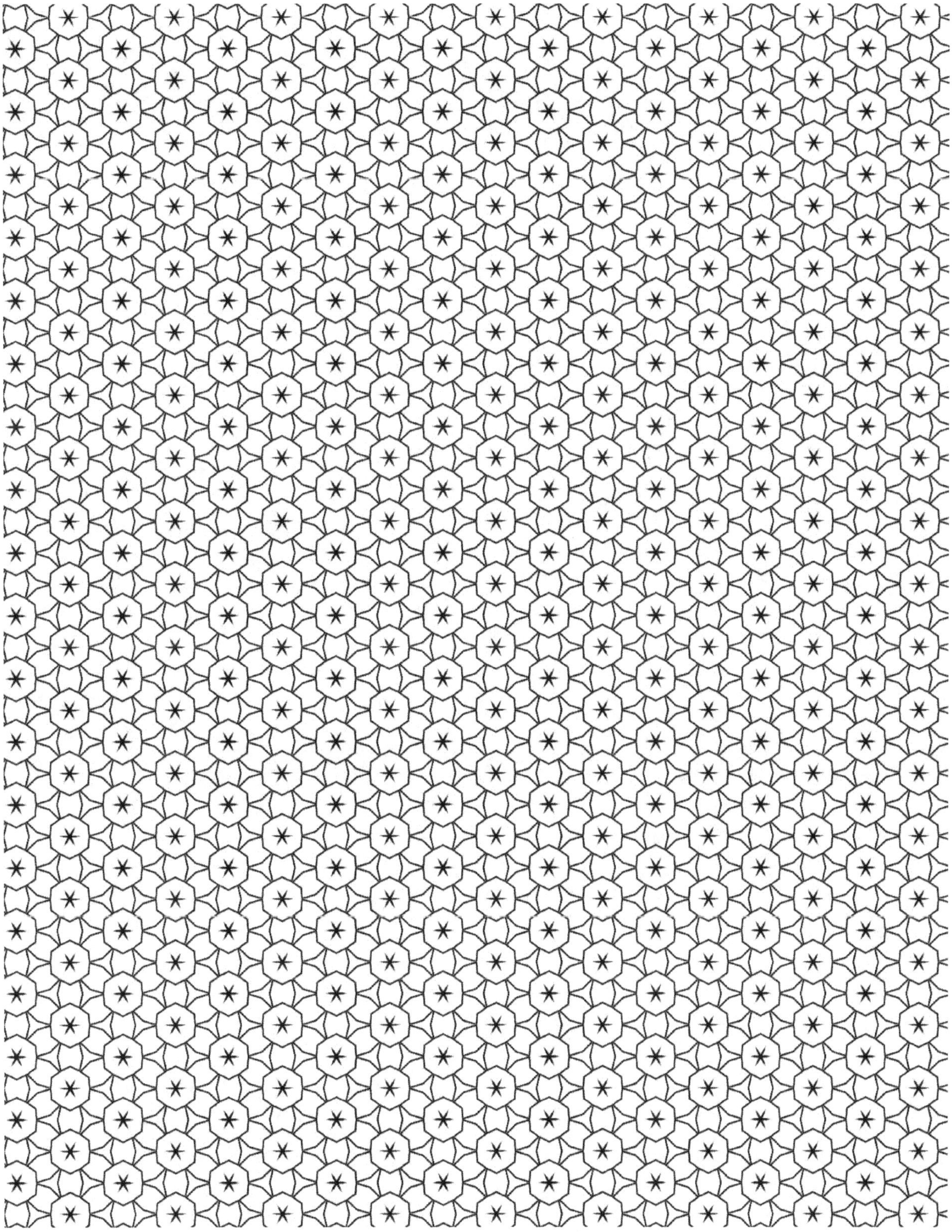

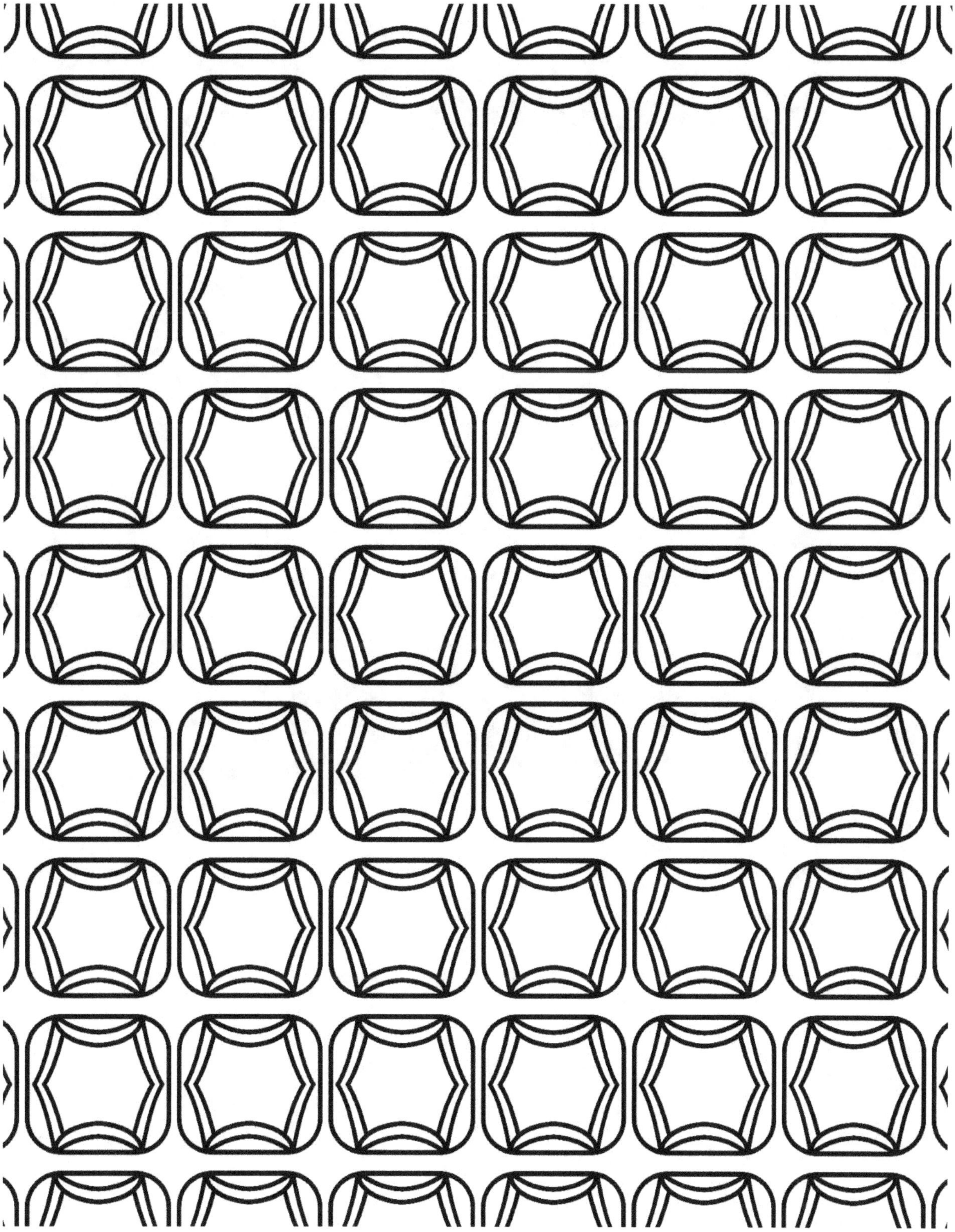

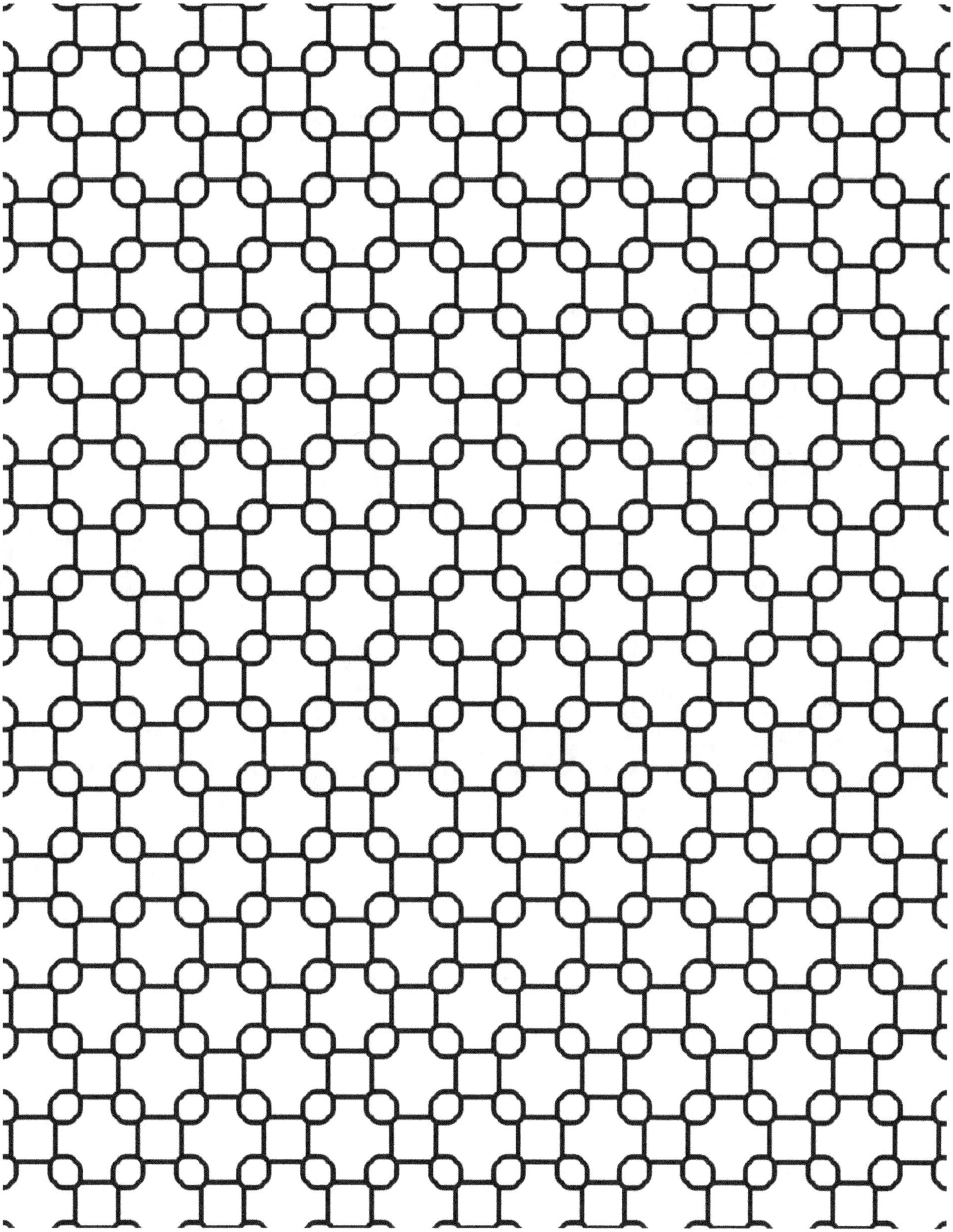

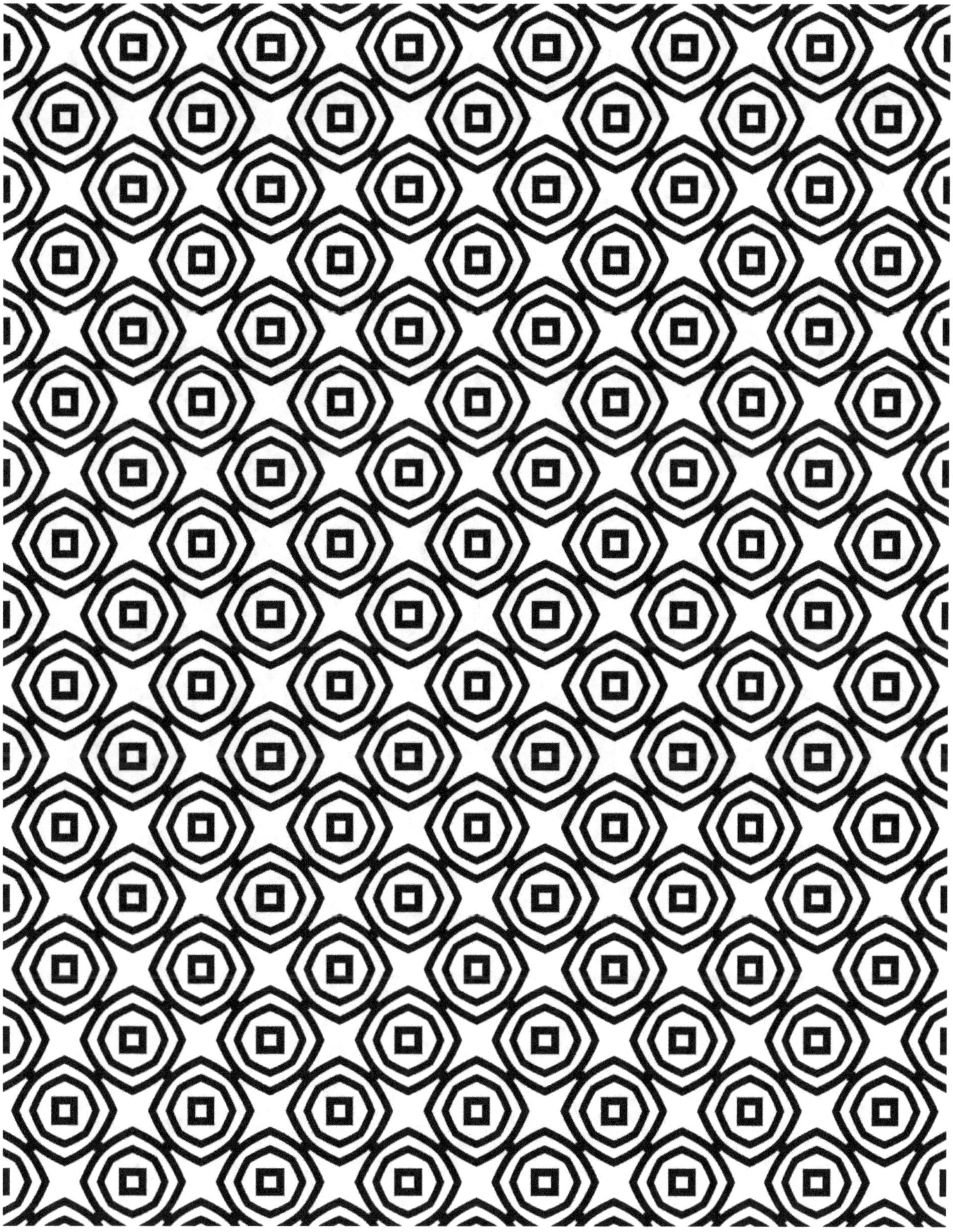

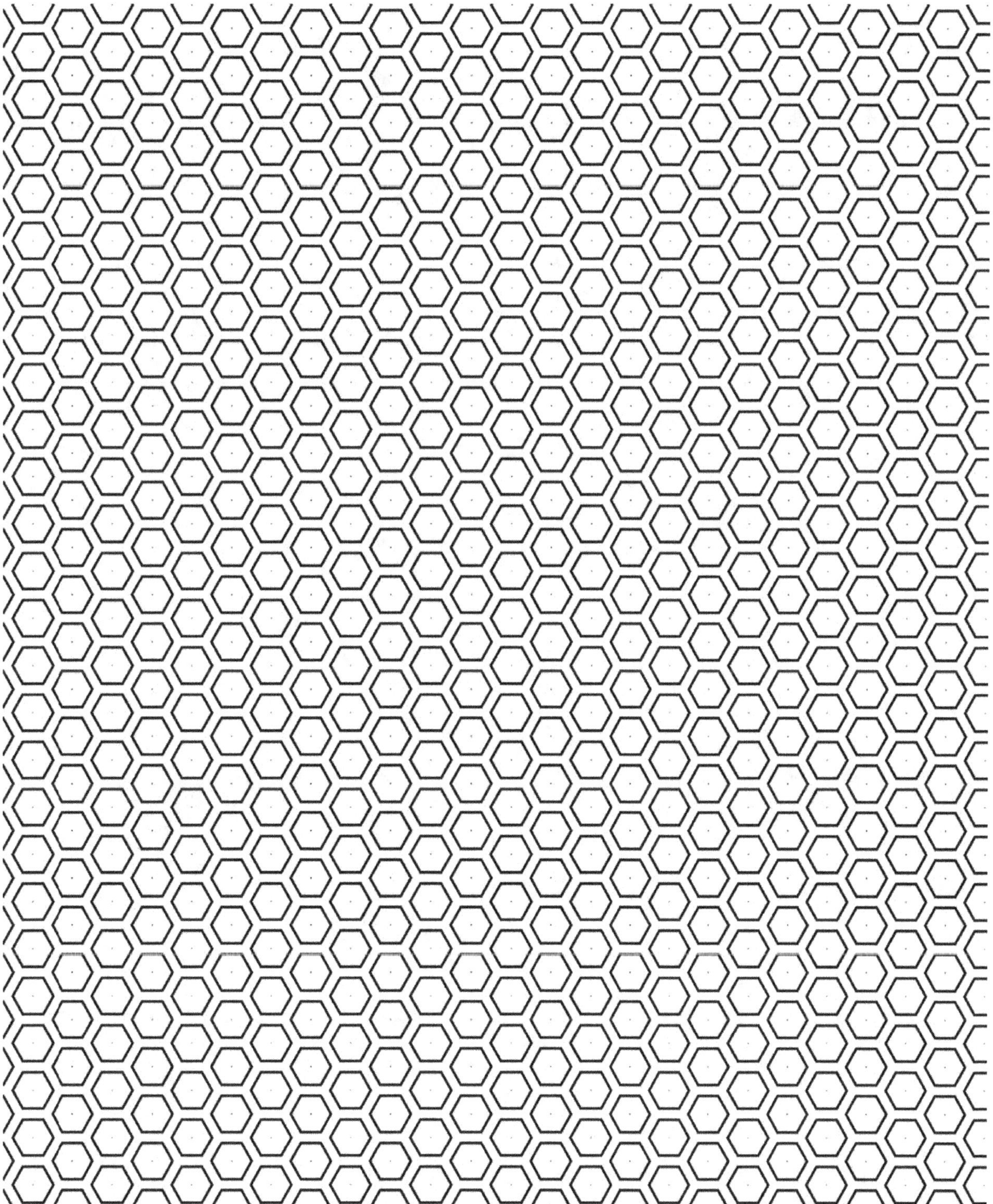

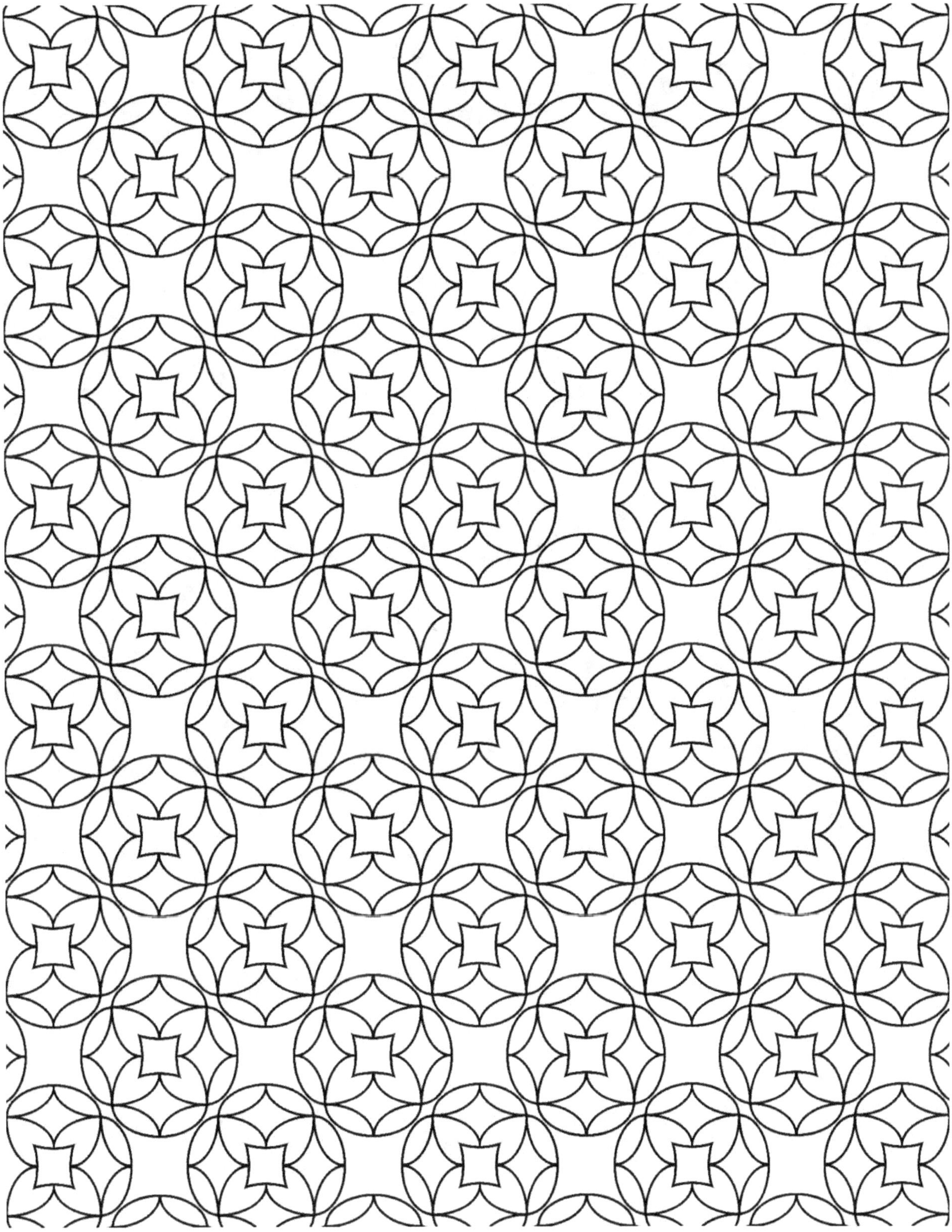

www.ingramcontent.com/pod-product-compliance
Lightning Source LLC
Chambersburg PA
CBHW081121180526
45170CB00008B/2956
* 9 7 8 1 5 4 6 6 8 2 5 3 0 *